AF323581

James Hancock

# Abduction: il mistero dei rapimenti alieni

# (Cronache del mistero)

Titolo: Abduction: il mistero dei rapimenti alieni

Autore: James Hancock

*«Io non direi mai: sì, ci sono alieni che sequestrano la gente. Io direi che qui c'è un interessante e potente fenomeno, che non posso spiegare in altro modo, che è misterioso. Sì, io non posso sapere di cosa si tratta esattamente, ma mi sembra che meriti un'inchiesta ulteriore più approfondita.»*

John Edward Mack, professore ad Harvard e premio Pulitzer

4

# INDICE

# Introduzione

La classificazione ufficiale dei CE (close encounter) prevedeva inizialmente quattro sottocategorie.

- CE1: incontri ravvicinati del primo tipo;
- CE2: incontri ravvicinati del secondo tipo;
- CE3: incontri ravvicinati del terzo tipo;
- CE4: incontri ravvicinati del quarto tipo.

A cui poi se ne sono associate altre tre nel corso del tempo.

- CE5: incontri ravvicinati del quinto tipo
- CE6: incontri ravvicinati del sesto tipo
- CE7: Incontri ravvicinati del settimo tipo

**Incontri ravvicinati del primo tipo**

Fanno parte di questa sottocategoria tutti gli avvistamenti in lontananza di oggetti non identificati (OVNI o UFO). Si può quindi trattare di oggetti diurni (i vari dischi o sigari) o luci con movimenti irregolari notturne.

**Incontri ravvicinati del secondo tipo**

Fanno parte di questa categoria gli incontri che non siano solo avvistamenti, ma che abbiano lasciato una traccia concreta che può essere sia sull'ambiente che sull'essere umano. Tutto ciò che concerne tracce o bruciature nel terreno, i crop circles, l'irradiazione e l'interferenza con le radio e altri dispositivi; tutto ciò che concerne la paralisi e il fenomeno del Missing Time. Menzione speciale per questo fenomeno, cioè la perdita di memoria a mo' di buco temporale: dalle persone sparisce totalmente un periodo compreso tra qualche minuto e giorni interi. Molti sospettano che questo sia il preambolo all'abduction vera e propria.

**Incontri ravvicinati del terzo tipo**

Fanno parte di questa categoria, come testimonia il celeberrimo film di Steven Spielberg, quegli avvistamenti in cui sono presenti delle "creature", alieni o altro, palesemente viventi.

**Incontro ravvicinato del quarto tipo.**

Fanno parte di questa categoria le vere e proprie abduction, ossia il rapimento attraverso raggio traente o altro di un essere umano e il suo trasporto all'interno dell'UFO.


**Incontro ravvicinato del quinto tipo.**

Fanno parte di questa categoria gli incontri avvenuti con volontà, senza coercizione, come quelli dei contattisti o dei medium.


**Incontro ravvicinato del sesto tipo**

Fanno parte di questa categoria gli incontri le cui conseguenze sono nefaste per l'individuo, provocando lesioni permanenti o morte.


**Incontro ravvicinato del settimo tipo**

Fanno parte di questa categoria gli incontri che danno luogo a una fusione di DNA umano-alieno, attraverso procedimenti genetici o fecondazione.

# Che cos'è un'abduction?

Il fenomeno conosciuto come Abduction, o rapimento alieno, si riferisce in parole semplici al prelievo forzoso di esseri umani da parte di entità extraterrestri, il più delle volte manifestatesi attraverso i famosi Oggetti Volanti Non Identificati. Molte persone in tutto il mondo hanno raccontato di essere stati coinvolti in episodi simili, parlando talvolta anche di esperimenti vari condotti su di loro da queste entità. L'evento è quasi sempre vissuto in maniera traumatica, e gli strascichi rimasti nella memoria tendono a volte ad essere sopiti, nascosti o deformati. Per questo, la tecnica dell'ipnosi regressiva si è rivelata cruciale, diverse volte, per ricavare quei ricordi sopiti con chiarezza.

Questi episodi sono solitamente preceduti da un Missing Time: un vuoto all'interno della memoria di un individuo della durata di diverse ore o addirittura di giorni. La persona non si rende assolutamente conto del tempo trascorso, per lui quel lasso di tempo non è proprio esistito.

### Detrattori e scettici

I principali detrattori del fenomeno sono gli scienziati. Diverse sono le criticità espresse nel corso del tempo:

-L'impossibilità di replicare con strumentazione in nostro possesso la meccanica di un'abduction;

-L'impossibilità di verificare con assoluta certezza la veridicità delle affermazioni dei presunti addotti;

-La non validità epistemica dell'ipnosi regressiva e della PNL, in quanto possono dimostrare sì se la persona stia mentendo o meno, ma non che l'esperienza raccontata sia stata effettivamente realmente vissuta o sia frutto di fantasia.

Ovviamente, quando si affronta un discorso di questo tipo, bisogna avere la mente aperta e pensare in termini non solo strettamente di "metodo scientifico". Ragionare in termini umani di fronte a qualcosa che (se fosse reale) umano non è, è chiaramente limitativo.

Questo libro riporta alcuni dei casi più eclatanti di rapimenti alieni, quelli che hanno lasciato il segno nelle cronache dell'epoca e sono stati oggetto di dibattiti tra gli studiosi della tematica. Lascerò a voi lettori il piacere di analizzarli e decidere di prenderli sul serio oppure no.

# 1

## Antonio Villas Boas

Uno dei primi casi a essere documentati dall'ufologia moderna, nonché uno dei più famosi e accreditati.

Ci troviamo a Minas Geiras, in Brasile.

Antonio Villas Boas è un contadino che vive in una grande fattoria, nella quale lavora assieme a tutti i suoi familiari. Il 5 ottobre del 1957, dopo essere andato a letto, apre le finestre della sua stanza, dove dormiva assieme al fratello, per via del grande caldo. Inizia a vedere una luce molto forte, più chiara della luce lunare, provenire da un punto imprecisato sopra la fattoria. Per poter prendere sonno, Antonio chiude le persiane e torna a dormire: ma la luce continua più forte di prima, tanto che si avvicina e a tratti sembra trapassare perfino il tetto. Spaventato, chiama il fratello Joao: entrambi vedono questa luce che cambia direzione e irradiamento, per poi sparire.

Il 14 ottobre, verso le nove di sera, Antonio sta lavorando assieme ai suoi fratelli nei campi, quando all'improvviso appare questa luce. Nonostante l'intensità della luce, di colore rossastro chiaro, Antonio riesce a riconoscere che si trattava di un oggetto tondo simile alla ruota di un carro. Lo insegue assieme ai suoi fratelli per i campi, ma la luce si muove molto velocemente. Dopo un po' il gruppo di fratelli si ricompatta e la luce sparisce.

Il 15 ottobre del 1957 Antonio sta lavorando nei campi come suo solito, A bordo del suo trattore, sta arando i campi a fianco della sua proprietà. E' notta fonda, e a un certo punto intravede qualcosa di luminoso nel cielo: sembra una stella rossastra, ma lui capisce che non lo è. Prima ancora di riuscire a scappare o a fare qualunque altra cosa, l'oggetto di forma allungata all'interno di questa luce è sopra il suo trattore. Scende fino a cinquanta metri, illuminando a giorno lui e i campi intorno, fin quando non scende a terra davanti al trattore. Antonio descrive l'UFO come un uovo allungato cosparso di luci, con tre spuntoni metallici e una specie di cupola sulla sommità. A un certo punto spuntano dal velivolo quelli che lui ha chiamato gli appoggi di atterraggio: l'UFO tocca il suolo.

Preso dal terrore, Antonio gira il trattore e spinge a fondo l'acceleratore per cercare di scappare, ma immediatamente dopo si spengono le luci e il motore si ferma. Allora si lancia giù dal trattore e prova a scappare a piedi, ma sente subito qualcuno che lo blocca per un braccio. Un essere alto fino alle sue spalle, piccolo, esile. Spinge e riesce a divincolarsi, ma subito dopo ne arrivano altri tre e lo afferrano saldamente. Nonostante le sue urla, gli alieni lo trasportano dentro il velivolo a forza, tenendolo sollevato dal suolo.

Entra. Antonio descrive l'ambiente come metallico e luccicante, senza soluzione di continuità. Anche la scala che lo ha portato all'interno si è fusa con la struttura senza che riuscisse a delinearne i contorni. Lo invitano a seguirlo attraverso alcune stanze, in cui vede colonne e mobilia metallica.

Dice che hanno parlato al suo cospetto, ma che non saprebbe assolutamente riprodurre i loro suoni, che anzi gli mettono i brividi.

Lo spogliano. Non gli fanno male in alcun modo nonostante cercasse di impedirglielo. Quando è totalmente nudo uno degli esseri gli passa un liquido denso sul corpo tramite una specie di spugna, liquido che non ha lasciato segni di alcun tipo ma che gli ha fatto provare molto freddo per un po' di tempo.

Lo portano davanti a una porta con degli strani simboli, che si apre su una stanza vuota. Una parete della stanza si apre ed escono due alieni, i quali gli mettono una specie di respiratore sulla bocca. Gli alieni lo lasciano da solo nella stanza: dopo un po' gli fanno inalare del gas che in un primo momento gli causa conati di vomito e poi gli lascia una specie di nausea costante.

Dopo un po' di tempo, Antonio asserisce che nella stanza sia entrata una… donna. Una donna assolutamente umana, giovane, e totalmente nuda. Bionda, con gli occhi blu a mandorla e il viso dai lineamenti particolari, il fisico definito e sodo. Si avvicina lentamente a lui e inizia a sfregarsi contro di lui. Era eloquente la sua volontà di avere un rapporto sessuale. Si ritrova eccitato, nonostante la situazione di pericolo, e decide quindi avere un rapporto sessuale. Lo descrive come normale, a parte piccoli dettagli come una certa mancanza di passionalità o i peli pubici rosso fuoco. Prima di andarsene, chiamata da uno degli alieni, lo ha guardato indicando prima il suo ventre e poi il cielo.

Finito il tutto, gli restituiscono i vestiti e lo riportano nella stanza centrale. Mentre il gruppo di alieni parla tra loro, lui intravede sul tavolo centrale un oggetto misterioso che sembrava una specie di sveglia. Attirato dalle caratteristiche particolari e dalla forma, ha in mente di prenderlo e portarlo con sé, così da essere creduto nel momento in cui deciderà di raccontare quell'incredibile avventura. Purtroppo il proposito non riesce: appena lo sfiora uno degli occupanti della nave lo spinge via e se lo riprende.

Dopo un po', uno degli alieni gli fa cenno di seguirlo e lo conduce in una sala che sembra quella di controllo dell'astronave, piena di spuntoni e luci di vari colori. L'alieno sembra mostrargli i meccanismi di funzionamento della nave attraverso i vari macchinari lì presenti.

Dopodiché lo ha accompagnato alla scala e gli ha fatto cenno di potersene andare. Lui scende, e il velivolo decolla fino a una cinquantina di metri fino a fermarsi. La luminosità è aumentata, assieme al rumore, ed è partito ad una grandissima velocità fino a sparire del tutto.

Dopo un momento di shock, risale sul suo trattore. Prelevato alle 01:15 è sceso alle 5:30, quindi tutti gli avvenimenti si sono svolti circa in quattro ore.

In un primo momento parla di quest'esperienza soltanto con sua madre. Dopo, ricordandosi di un articolo dove veniva invitata la popolazione a segnalare dei casi simili, scrive a un giornalista, Joao Martins, e lo raggiunge a Rio de Janeiro, dove si sottopone anche a delle visite mediche.

Descrive in maniera minuziosa le creature. Gli alieni avevano una tuta aderente di colore grigio e un casco con cinghie di metallo. Il casco copriva tutta la testa e lasciava scoperti solo gli occhi di un colore simile al blu. Dal casco partivano tre tubi di un materiale indefinibile che scendevano lungo i fianchi e si ricollegavano alla tuta. Alle mani avevano dei guanti e ai piedi delle scarpe direttamente collegate con la tuta ma con una suola molto alta.

I loro movimenti erano molto rapidi, la tuta sembrava rallentarli un po' e il loro incedere era piuttosto rigido. Erano alti circa un metro e sessanta e possedevano una discreta forza fisica.

Il dottor Olavo T. Fuentes ha redatto un documento dopo aver visitato Antonio e avergli fatto alcuni esami.

Nel documento dice che nei giorni successivi all'incidente il suo stato fisico era debilitato, con sintomi di nausee, vomito e insonnia, che sono andati via via a migliorare. Dalla terza notte ha invece iniziato a dormire e ha iniziato a subire di uno stato perenne di sonnolenza durato oltre un mese. Durante questo mese sono comparse delle piaghe sulla cute che sparivano dopo un paio di settimane, di vario genere.

Al momento attuale invece dice di godere di buona salute, non ha più sintomi strani né irritazioni cutanee.

Il dottore testimonia che il paziente era perfettamente in grado di intendere e di volere. Ha risposto a tutte le domande e non è mai caduto in contraddizione.

Antonio si è sposato, ha avuto tre figli e ha continuato la sua vita nell'azienda di famiglia.

È morto nel 1992 nella città di Ubera, in Brasile.

# 2

## I coniugi Wilson

Era una tranquilla mattina di aprile del 1974.

La famiglia Wilson, composta dal padre John, dalla moglie Melodie e dalla figlioletta di tre anni Virginia, trascorreva una delle solite giornate nel loro podere a Jellow, nel Tennessee.

Il padre era un agricoltore conosciuto e benvoluto nella zona, famoso per i barbecue a cui spesso e volentieri invitava un mare di persone. Un uomo di compagnia, insomma.

Mentre John era intento a zappare l'orto a fianco della casa, e la moglie era dentro casa assieme alla figlioletta, successe qualcosa di strano.

I racconti di Melodie parlano di una forte e improvvisa luce che ha abbagliato la casa, nonostante il cielo fosse già soleggiato, e un rumore molto strano simile al ronzio di un frigorifero. Lei disse di aver chiamato alcune volte suo marito senza ottenere risposta, prima di uscire a vedere cosa stava succedendo.

Quando aprì la porta del retro, suo marito non c'era più. Alcune piante di pomodori erano come carbonizzate, mentre il legno della casa riportava una bruciatura a forma di striscia parallela al terreno. Disse di aver sentito un forte calore che si è dissipato dopo pochi secondi.

Allarmata, ha iniziato a urlare il suo nome a squarciagola nei terreni intorno, prima di rientrare in casa e prendere con se la figlioletta. L'hanno cercato per ore fin quando non è arrivato il tramonto, poi si sono recati dallo sceriffo della contea, Frederick Holmes. In preda all'angoscia Melodie ha cercato di spiegare allo sceriffo, che conosceva bene, cosa era successo.

Lo sceriffo ha immediatamente organizzato delle squadre di ricerca per perlustrare le zone intorno. Le squadre erano composte, oltre che da agenti coi cani, anche da molti volontari.

Batterono per due giorni un territorio molto ampio, fatto di campi di granoturco e distese di colture, senza ottenere risultati.

Quando la disperazione di Melodie stava raggiungendo il culmine, ecco che il marito venne ritrovato.

John si trovava a circa 20 km da casa sua, in mezzo a un campo, completamente nudo. Una pattuglia l'aveva visto mentre barcollava e cercava di raggiungere la strada.

A prima vista si mostrava estremamente confuso: riconobbe a malapena la moglie e la figlia, aveva crisi di pianto, non ricordava quasi nulla della sua vita e di cosa era accaduto.

Fu fatto ricoverare in ospedale per fare le dovute analisi. Dalle analisi tutti i parametri risultarono nella norma: i medici non sapevano letteralmente a cosa attribuire questa perdita di memoria, l'irritabilità e la confusione. Erano sintomi visti alcune volte nei reduci dal Vietnam o in persone che avevano subito dei fortissimi carichi di stress.

Tornarono a casa, rimanendo nel dubbio su cosa fosse realmente successo in quel lasso di tempo.

Col passare del tempo le condizioni di John migliorarono leggermente, ma il buco nero su cosa fosse successo in quel lasso di tempo, dove fosse finito per due giorni interi e cosa ci facesse nudo in mezzo a un campo rimase. La sua personalità si modificò, e da quell'uomo socievole e gioviale che organizzava feste e barbecue nel suo giardino divenne una persona molto più schiva e taciturna. Ogni tanto la moglie lo osservava e il suo sguardo sembrava perso nel vuoto, a fissare qualcosa di indefinito. Talvolta aveva l'impressione che suo marito ricordasse qualcosa, ma avesse come troppo timore di parlarne. Glielo chiese parecchie volte, ma lui negò sempre, dicendo di non ricordare nulla.

Non volle mai più mettere piede nell'orto, tanto che da lì in avanti lo curò solamente sua moglie.

John morì nel 2001, portando con sé quel mistero. Sua moglie Melodie lo seguì nel giro di due anni a causa di un tumore al seno.

Tutta questa storia, in realtà, venne a conoscenza del pubblico soltanto nel 2006. La figlia Virginia, nel frattempo diventata giornalista televisiva, collaborava anche con una trasmissione che si occupava di fenomeni misteriosi. Decise quindi di tornare nella tenuta del Tennessee, che non aveva mai venduto, e parlare delle confidenze che sua madre le aveva ripetuto tante volte: lei infatti aveva provato a chiedere di più a suo padre, ma lui si rifiutò sempre di parlare con lei di quella storia.

L'ultimo particolare che aggiunge mistero al mistero: quando portò il cameramen nell'orto, ormai infestato dalle erbacce, notò che c'erano delle zone in cui la vegetazione non era ricresciuta: erano le zone in cui quel giorno comparvero le misteriose bruciature.

# 3

## I coniugi Hill

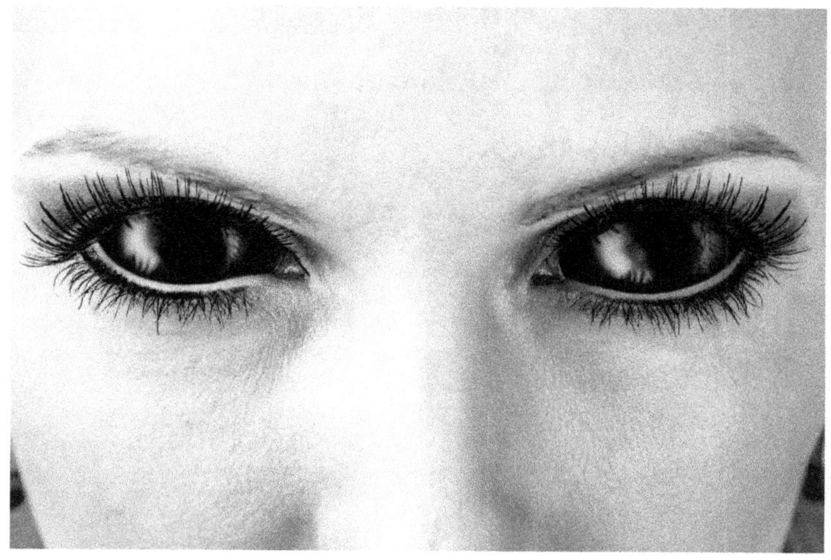

19 settembre del 1961. Betty e Barney Hill, tornando dalla loro luna di miele, stavano guidando da Montreal a Portsmouth, nel New Hampshire. Durante il percorso la coppia assistette, suo

malgrado, a uno dei fenomeni di abduction più scottanti, controversi e traccianti per il futuro dell'ufologia.

Betty e Barney lavoravano entrambi a Portsmouth. Betty era un'assistente sociale che si occupava di casi di assistenza all'infanzia e Barney era un impiegato delle poste che lavorava spesso anche di notte. Erano famosi anche per la loro dedizione agli altri, spesso infatti facevano volontariato, e nel loro impegno per i diritti civili: essendo Barney un uomo di colore negli anni della segregazione, e avendo sposato una bianca, essi facevano parte di una categoria molto malvista all'epoca.

Dopo anni di lotte decisero di concedersi quel viaggio di nozze che all'epoca si erano negati. Partirono così da Montreal alla volta delle cascate del Niagara.

L'ultimo giorno i coniugi Hills cenarono e partirono verso le 22.00 dal Vermont. Secondo i loro calcoli sarebbero arrivati a Portsmouth nel giro di quattro ore.

Invece non andò così.

Lungo la strada, Betty notò una luce nel senso che sembrava seguire la macchina. Man mano che la strada proseguiva, la luce sembrava diventare sempre più intensa. Betty era molto preoccupata ma Barney, veterano di guerra e appassionato di aerei, non diede grande attenzione a questo fatto. Era notte, quindi difficilmente poteva trattarsi di un aereo commerciale o un elicottero.

Per tutta la strada lungo le White Mountains la luce continuò a seguirli. A volte spariva per poi riapparire, cambiava direzione, si confondeva tra gli alberi.

Betty, a quel punto, prese un binocolo dal retro per vedere meglio di cosa si trattasse. A quel punto, si accorsero che la luce non era nulla di conosciuto: era specie di oggetto che volteggiava in aria. La cosa turbò non poco anche Barney, uomo concreto e di cultura, anche se cercò di non darlo a vedere. Ha continuato a guidare fino alla Route 3 a Lincoln. L'oggetto si trovava a circa 30 metri sopra di loro.

Barney inchiodò, scese dalla macchina con la pistola in pugno e guardò in cielo. Vide una sorta di superficie piatta, grande quanto un aereo, circolare. Riuscì a distinguere delle figure dietro le finestre: degli esseri in una tuta che gli fecero segno di posare il binocolo.

Barney provò ad alzare la pistola, ma non ci riuscì.

Spaventato, rientrò in macchina di corsa e scappò a tutta velocità. Dopo pochi istanti la coppia sentì degli strani suoni, si sono sentiti stanchi e alla fine hanno perso conoscenza.

La mattina dopo, i coniugi come niente fosse si sono svegliati nel loro letto, nella loro casa a Portsmouth.

Non ricordavano nulla di ciò che era successo la notte prima. Gli unici indizi erano le scarpe consumate di Barney, il vestito rovinato di Betty e i loro orologi fermi.

Betty, provando a recuperare la memoria di quei momenti, si è chiusa in biblioteca a leggere documenti del NICAP, un centro studi ufologico.

Nei due anni successivi la coppia visse continue insonnie notturne e incubi ricorrenti. Si rivolsero così a uno psichiatra che li aiutò a ricostruire cosa era successo quella notte. Dopo molte sedute di ipnosi regressiva la coppia iniziò a comporre il mosaico della loro triste avventura.

Dal loro racconto emerse che l'UFO era atterrato sulla loro automobile e in qualche modo li avevano addormentati. Si sono poi risvegliati sull'astronave, separati e circondati dagli esseri in grigio che avevano visto prima. Hanno iniziato a prelevare parti di tessuti, capelli e unghie. Hanno infilato degli aghi nei loro corpi, a Betty anche nello stomaco.

Finita tutta questa procedura, Betty si ritrovò da sola con quello che sembrava essere il comandante degli esseri alieni. Quando gli chiese dove fossero, il comandante deve avergli fatto vedere una mappa: sotto ipnosi Betty ha replicato quella mappa. Anni dopo, si scoprì essere il sistema stellare Zeta Reticuli (da cui il nome Zeta Reticuli incident).

Pur non essendo la prima storia di rapimenti alieni, ai tempi era la più dettagliata e credibile. Riuscì anche nell'intento di cambiare da lì in avanti il paradigma degli alieni come creature benevole e si è cominciato a parlare di esperimenti e di fenomeni come il Missing Time. Anche i media hanno attinto a piene mani dai lati più misteriosi e oscuri della vicenda.

# 4

## Betty Andreasson Luca

Questo episodio accade il 25 gennaio 1967, nella città di South Ashburnham, Massachusetts.

Betty si trovava in cucina, verso le 18.3, e stava preparando la cena. In soggiorno c'era il resto della famiglia, suo marito e i sette figli.

A un certo punto, le luci di casa si sono spente di colpo. All'improvviso, una strana luminescenza tra il rosso e l'arancione è penetrata in casa attraverso la finestra della cucina. I bambini iniziano ad urlare, presi dal panico, mentre il marito di Betty va a guardare alla finestra. A quanto riporta, vide cinque esseri avvicinarsi alla loro casa ed entrare attraverso le pareti. Tutta la famiglia salvo Betty venne ridotta in uno stato di trance. Uno degli esseri si mette in contatto telepatico con una terrorizzata Betty, cercando di calmarla e spiegando che non vogliono fare alcun male.

Li descrive come alti un metro e mezzo, con grandi occhi e orecchie e nasi piccoli incastonati in una testa a pera. Insomma, l'iconografia dell'alieno classico odierna. Indossavano delle tute con un logo strano e non camminavano, piuttosto galleggiavano in aria.

Per dimostrare, in un certo senso, la loro buona volontà, gli alieni liberarono dallo stato di trance la figlia di 11 anni. Subito dopo fu portata in un'astronave simile a un piatto, poco distante dalla casa.

Betty ricorda che dopo essere stata a bordo dell'UFO fuori casa sua, esso prese il volo e si unì a un'astronave più grande. La fecero sedere su un lettino e le fecero alcuni test invasivi grazie a strani macchinari. Poi venne riportata a casa. Stima il tempo trascorso a bordo della nave in circa quattro ore

Quando tornò a casa ritrovò la sua famiglia in stato di trance con accanto uno degli alieni. Prima di andarsene, liberò la famiglia, che non si ricordò di nulla, e gli disse che erano state inculcate nel suo cervello alcune conoscenze che sarebbero tornate utili in un secondo tempo.

Alcuni ricordi dell'episodio furono rimossi dalla memoria di Betty. Ricordava la corrente saltata, il raggio di luce e l'ingresso degli alieni. Nella sua mente confusa di credente, interpretò all'inizio la vicenda come un messaggio di dio portato dagli angeli.

Otto anni dopo, rispose a una lettera di un dottore che stava facendo ricerche in ambito UFO, ma la sua testimonianza venne considerata troppo bizzarra e la lettera fu gettata. Dopo altri due

anni, invece, un team di esperti decise di analizzare approfondi-
tamente il suo caso. Gli esperti presentarono un malloppo di
quasi seicento pagine in cui si analizzava tutto dettaglio per dettaglio e si diceva che i soggetti erano sani di mente e l'esperienza
credibile.

# 5

## Travis Walton

Un caso estremamente famoso, per via della sua dettagliata spiegazione e soprattutto per l'eco mediatica che portò anche a una trasposizione cinematografica nel 1993 (Firestarter), è il rapimento (o presunto tale) di Travis Walton.

Una delle particolarità è che i testimoni oculari hanno tutti versioni concordanti e che la sparizione è durata diversi giorni nonostante squadre di ricerca munite di cani perlustrassero di continuo il territorio.

Bisogna risalire al 5 novembre 1975 per ricostruire la storia. Travis Walton è un boscaiolo e lavora alle dipendenze di Mike Rogers. I due erano molto legati. Gli altri membri del gruppo erano Ken Peterson, John Goulette, Steve Pierce, Allen Dallis e Dwayne Smith. Tutti originari di Snowflake, in Arizona.

L'appalto preso da Rogers riguardava un'area molto estesa: per ovviare a un ritardo, decidono di fare numerosi straordinari. Verso le 18:00 del 5 novembre, il gruppo, a bordo del camion che li sta riportando a casa, osservano uno strano fenomeno: delle luci attraverso gli alberi generate da una specie di disco con una cupola centrale che levitava poco distante dalla strada.

Meravigliato, l'autista fermò il camion per osservare questo strano fenomeno. In quel momento Travis scese da camion, come ipnotizzato, e iniziò a correre verso la fonte di luce, ignorando i richiami degli altri lavoratori.

I ragazzi raccontano la scena dicendo che, a una certa distanza, l'oggetto ha iniziato a fare il rumore di una turbina e a oscillare. Poi, un fascio di luce strano investì Travis e lo sollevò in aria prima di farlo crollare al suolo.

I suoi amici tentarono di soccorrerlo, ma il camion sbandò e il gruppo si fermò. Tornarono sul luogo dopo alcuni minuti, ma il corpo di Walton e il disco erano spariti. Lo cercarono per più di mezz'ora, ma di lui nessuna traccia.

Il gruppo chiama la polizia verso le 19:30. Risponde il vicesceriffo. Gli raccontano la storia e lui, sebbene incredulo all'inizio, chiama lo sceriffo per dare inizio alle ricerche. Quando gli chiesero perché avesse deciso di credere loro, rispose che "se stavano mentendo, erano terribilmente bravi a farlo".

Dopo che lo sceriffo si era recato sul luogo, sono iniziate le ricerche. Purtroppo infruttuose. Più il tempo passava, più lo sceriffo diventava sospettoso sul loro conto.

Si recarono poi dalla madre di Travis, Mary Walton Kellett. Una donna forte, che aveva tirato su sei figli quasi da sola. All'inizio non si fece prendere dal panico e chiese più volte di ripetere la versione con dettagli e circostanze. Nei giorni successivi, però, molti dissero che risultava stranamente turbata, come se percepisse quello che stava per succedere prima degli altri.

La mattina del giorno dopo le ricerche riniziarono con molti uomini impegnati. Non si trovò Walton né alcuna traccia visibile che desse veridicità al racconto del gruppo. La polizia iniziò così a sospettare che tutta l'architettura narrativa dell'accaduto fosse una montatura per cercare di coprire un omicidio. Le ricerche proseguirono poi con mezzi aggiuntivi come elicotteri e jeep, ma non cambiò nulla.

In compenso, l'eco mediatica che questo caso stava avendo cresceva giorno per giorno. Erano iniziati a convergere a Snowflake tutta una serie di studiosi dell'occulto, ufologi e giornalisti. Intervistarono i personaggi del gruppo, i quali continuarono a sostenere la loro tesi senza entrare in contraddizione e lamentandosi di un presunto scarso impegno della polizia.

In una intervista Rogers disse che, vista la sparizione di Travis e tutto ciò che ne concerneva, non avrebbe potuto portare a termine il contratto con la forestale. Sottolineò come non erano nuovi ad avvistamenti UFO, e che proprio la volontà di vederne uno da vicino appena possibile avrebbe spinto Walton a correre verso l'oggetto.

La polizia, in parallelo alle ricerche, fece spesso visita alla casa di Walton per parlare con la madre, a volte sottoponendola a un vero e proprio interrogatorio e incombendo così nelle proteste del figlio Duane.

Il 10 novembre l'intero gruppo venne sottoposto alla prova della macchina della verità. Fu chiesto se qualcuno del gruppo avesse fatto del male a Travis, se sapessero dove si trovava, se avevano avvistato veramente l'UFO e se avessero raccontato la verità. Tutti gli uomini negarono ogni addebito e riportarono la stessa versione della storia, per l'ennesima volta. A conclusione dei test, l'esaminatore ha concluso che gli uomini dicevano la verità.

Due giorni dopo, il 10 novembre, il cognato di Travis, Grant Neff, disse di aver parlato al telefono con una persona che diceva di essere Travis. Sembrava malconcia dal tono di voce e implorava aiuto. In un primo momento pensò a uno scherzo, poi però la persona al telefono insistette. Il cognato e il fratello andarono alla pompa di benzina e trovarono Travis lì, riverso in una cabina telefonica.

Tornando a casa Travis sembrava delirare, parlava di esseri con grandi occhi terrificanti e cose del genere. Poi chiese quanto tempo era passato: gli risposero cinque giorni. Si zittì fino al ritorno a casa.

Sotto gli occhi vigili della madre si prestò alle prime cure. Provò a mangiare qualcosa ma vomitava sempre. Le autorità non furono allertate in un primo momento, nemmeno quando portarono Travis da Spaulding per degli esami preliminari.

Il dottor Steward non era in realtà un medico ma un ipnoterapista. Passarono con lui un tempo indefinibile.

Quando venne reso pubblico il rientro di Travis, ricevettero telefonate da un gruppo di ufologi che gli chiesero di sottoporsi a esami.

Questi esami rivelarono che l'uomo era in buona salute, ma due elementi sembravano molto strani:

\- C'era un punto rosso nella piega del gomito destro, come una puntura da ago, ma non era in corrispondenza di nessuna vena.

\- Non c'era alcun processo di chetosi in corso, cosa molto strana per una persona dispersa da cinque giorni senza possibilità di mangiare.

Varie ipotesi furono elaborate per cercare di dare spiegazioni (gli scettici parlavano di assunzione di droghe o cose simili), ma nessuna davvero convincente.

Lo sceriffo Gillespie si arrabbiò molto per essere venuto a conoscenza solo tardivamente del ritorno di Travis, così lui decise di parlargli di quei cinque giorni all'interno dell'UFO.

L'ultima cosa che ricorda, stando al suo racconto, fu il fatto di essere colpito dal fascio di luce.

Si risvegliò sopra un lettino. Una luce era puntata dall'alto su d lui. Faticava a respirare ma all'inizio credette di trovarsi su un normale lettino d'ospedale.

Poi guardò meglio e vide tre figure con una tuta arancione. Li descrive come bassi, con occhi grandi marroni senza pupille o sclere e una grossa testa calva. Si alzò dal lettino terrorizzato e provò a scacciare le creature agitando un oggetto. Gli alieni lo lasciano così solo nella stanza.

Gli scettici dicono che questa parte è abbastanza surreale, viste le condizioni critiche di Travis.

Comunque riuscì a fuggire e arrivò in una stanza sferica con una sedia nel centro. Ci si sedette dentro e la stanza si riempì di luci. La sedia aveva una leva sulla sinistra: provò a tirarla e vide che le luci, simili a stelle, iniziarono a muoversi anch'esse. Spaventato, la lasciò. Corse via e incrociò, nella stanza successiva, un uomo e non un alieno, con una tuta azzurra e un casco.

L'uomo gli fece cenno di seguirlo, e lo portò verso una grande sala. Scesero dall'UFO, che in quel momento gli sembrò più grandi di quanto aveva visto, e vide una sorta di hangar con tanti altri velivoli discoidali. In un'altra stanza trovò altri tre uomini come lui (due uomini e una donna) a cui fece delle domande, ma a cui rispose esclusivamente con un sorriso. La donna, rapidamente, gli mise una maschera di ossigeno che gli fece perdere conoscenza. Si risvegliò alla pompa di benzina, guardando il disco allontanarsi da lontano.

Lo sceriffo pensò che si fosse drogato e che fosse finito in un normale ospedale, dove la confusione gli avrebbe distorto particolari della vicenda. Travis negò dicendo che gli esami non avevano rilevato né droghe né altro di anomalo, e che era disposto a sottoporsi alla macchina della verità.

Un primo tentativo con lo sceriffo, organizzato di nascosto, andò cancellato in quanto la segretezza venne svelata.

Il secondo tentativo fu organizzato dal National Enquirer e verificato da un esaminatore dell'Arizona Polygraph Laboratory. Prima dell'esame, Travis fece due confessioni: aveva fumato dell'erba alcune volte ed era stato arrestato per frode alcuni anni prima.

L'esame fu molto controverso: ci furono polemiche per come furono state poste le domande e per l'atteggiamento ostile del supervisore.

Alla fine dell'esame, l'esaminatore McCarthy concluse che Travis stava mentendo e che, con ogni probabilità, stava portando avanti una truffa assieme ai suoi amici.

Il risultato di ques'esame venne secretato per otto mesi: anche se due successivi esami vennero superati senza problemi, le accuse di frode e invenzione legate a questo primo test alimentarono il motore degli scettici e anche di molte altre persone che in prima battuta avevano creduto alla storia di Travis. Alcuni dissero che tutta questa storia era una gigantesca montatura perché il capo di Travis si era accorto che non sarebbe riuscito a completare in tempo il lavoro, e voleva quindi invocare una particolare clausola chiamata "Atto di Dio" in modo da risolvere il contratto senza penali.

A livello mediatico, nel 1978 uscì un libro chiamato "The Walton Experience" che suscitò numerose polemiche. Nel 1993 fu tratto un adattamento cinematografico dal film chiamato Bagliori nel Buio (Fire in the Sky), molto diverso dalla narrazione originale di Walton.

Alla fine di tutta la vicenda, detrattori e sostenitori si sono ritrovati tutti rigidi nelle loro rispettive tesi. I detrattori sottolineavano che il lucro poteva essere un ottimo movente per inscenare la storia, e che l'ipnosi regressiva poteva creare false memorie. I sostenitori portano come prove le dichiarazioni del medico al suo ritrovamento, il fatto che il test al poligrafo fosse stato superato e che, nelle leggende delle tribù Apache residenti nella zona, ci sono racconti su "spiriti" a bordo di navi volanti che ogni tanto rapivano delle persone inermi.

# 6

# Il mistero di Allagash

Protagonisti di questa storia sono Jack Weiner, Jim Weiner, Chuck Rack e Charlie Foltz. Gli eventi si sono disvelati molti anni dopo il loro effettivo avvenimento.

Per moltissimi anni, Jack Weiner è stato perseguitato da incubi ricorrenti che disturbavano le sue nottate. Nessuno ne era a conoscenza tranne sua moglie Mary. Lui diceva che, in questi incubi, si ritrovava all'interno di una stanza illuminata, senza rendersi conto né di come ci fosse arrivato né, soprattutto, del perché fosse lì.

Al suo fianco c'erano i suoi amici seduti su una panchina, completamente nudi. Fermi, immobili. Provava a chiamarli, a implorare il loro aiuto, ma non si muoveva nessuno. A un certo punto, una figura minacciosa è emersa di fronte a lui: alché si svegliava in una pozza di sudore, terrorizzato.

Tempo dopo anche il gemello di Jack, Jim, fece una rivelazione inquietante: degli incubi molto simili ai suoi li stava avendo anche lui. Stesse sensazioni, stesse situazioni, insomma sogni fotocopia.

In quei sogni, i gemelli erano sempre in compagnia dei loro amici, Charlie Foltz e Chuck Rak. Parlando e facendo ipotesi di vario genere, arrivarono a una conclusione terrificante: potevano forse questi incubi essere collegati al campeggio fatto da tutti e quattro 12 anni prima, nel Maine?

Dodici anni prima, i quattro amici avevano fatto un campeggio di due settimane nel deserto di Allagash, nel Maine.

La seconda notte ci fu l'avvistamento di un oggetto nel cielo.

Jim riporta di averlo visto fluttuare sopra le cime degli alberi, senza muoversi, poi è schizzato via all'istante, da un momento all'altro. Un brivido ha percorso la schiena di Jim, ma al momento decise di non dargli troppo peso.

Il campeggio trascorreva in maniera tranquilla, fin quando i quattro non si cimentarono con la pesca notturna. Costruirono un falò per indicare il campeggio. Quando scese in acqua, Chuck Rak si rese conto di non essere da solo. Disse di avvertire qualcuno che lo fissava da dietro: si girò e vide una grossa sfera luminosa, simile a quella che avevano visto le sere precedenti. Era incredibilmente luminosa.

Charlie Foltz inviò un SOS con la torcia. La luce allora iniziò ad avvicinarsi. Spaventati, gli uomini iniziarono a remare verso la riva con tutta la forza che avevano, ma era tutto inutile: l'oggetto riuscì ad arrivare sopra di loro. Poi, all'improvviso, lo video sparire nel cielo.

Tornarono al campeggio. Tutti gli uomini stimarono il tempo di permanenza in acqua in circa venti minuti: ma si accorsero che del falò erano rimasta solo cenere.

Non parlarono dell'accaduto, ma andarono a dormire stanchi. I giorni successivi continuarono il loro viaggio come nulla fosse per altri dieci giorni.

Nel corso degli anni raccontarono ai conoscenti di quell'episodio ma nessuno credette loro, tanto che iniziarono a dubitarne loro stessi. Poi iniziarono gli incubi, e dopo un po' decisero di rivolgersi a Ray Fowler, un ricercatore UFO, per chiedere aiuto.

Fowler fece fare delle sedute di ipnosi regressiva ai quattro, nelle quali emerse la spaventosa verità. Raccontarono nei dettagli l'esperienza di un rapimento, e i loro racconti erano quasi del tutto uguali. Raccontarono di essere stati portati all'nterno del velivolo, di essere stati spogliati e di aver subito esami come il prelievo di tessuti e fluidi corporei. Ricordano il freddo asettico della sala, la paura, la voglia di tornare a casa.

Tutti provarono il test del poligrafo e lo superarono appieno.

Gli scettici sostengono che le immagini dei media abbiano influenzato i racconti dell'esperienza, come in una sorta di ciclo continuo di stimoli. Alcuni psicologi parlano di suggestione, ma altri fanno notare come i racconti di molte esperienze siano quasi sovrapponibili nonostante non ci sia stato alcun contatto fra essi. Anzi, spesso e volentieri le persone addotte non sono studiosi degli UFO o gente interessata alla materia.

Resta un ulteriore fatto: durante le sedute di ipnosi regressiva è stato scoperto che, per i gemelli, non era stata la prima volta: già nell'infanzia avevano avuto esperienze di rapimenti.

# 7

## Kirsan Ilyumzhinov

Il caso di Kirsan Ilyumzhinov ha fatto molto scalpore soprattutto per la caratura del personaggio in questione: si tratta infatti dell'ex presidente della repubblica russa di Kalmykia. Al momento è il presidente della FIDE, l'International Chess Foundation, posizione che ricopre dal 1995 dopo aver sconfitto il campione in carica Kasparov.

Ci vuole molto coraggio per una persona nella sua posizione e con le sue responsabilità nel farsi avanti e parlare di un argomento così controverso, capace di minare la sua credibilità e minacciare il suo futuro. Però, se l'ha fatto, qualcosa vorrà dire.

Il suo racconto inizia in una sera del 1997. Racconta di essere stato portato dal suo appartamento a Mosca in un'astronave. Dice che gli alieni sono identici a noi, ragionano esattamente come noi, sono solo più evoluti. Molti, racconta, dopo le sue dichiarazioni gli hanno telefonato ricordandogli che era un politico e che poteva essere pericoloso parlarne. Un suo compagno di partito, addirittura, arrivò a preoccuparsi che i rapimenti avvenissero davvero e che potesse così rivelare degli importanti segreti di stato agli alieni. Una sua tesi singolare è che il gioco degli scacchi sia di origine aliena, poiché le regole sono le stesse in ogni parte del mondo.

Sono volati all'interno del suo appartamento e l'hanno preso. Indossavano delle tute spaziali gialle. Tramite un UFO si sono diretti a una sorta di nave madre e lui ha iniziato a sentire una mancanza d'ossigeno, come fosse in alta quota. Così gli alieni gli hanno prestato una tuta spaziale e gli hanno spiegato come regolare l'apporto di ossigeno.

Descrive la nave come colossale, con ogni stanza grande come un campo da calcio. Sono arrivati su un pianeta sconosciuto e hanno raccolto degli strumenti. Dopo alcuni momenti, in cui lo hanno messo a proprio agio, Kirsan chiese di essere riaccompagnato a casa. Gli alieni li hanno riaccompagnato senza colpo ferire.

Alcuni giorni dopo ripensò all'accaduto e si maledì: aveva perso un'occasione per fare delle domande. Ma forse era meglio così.

Questa condivisione delle proprie esperienze, anche in casi così particolari, serve sempre a dare forza alla comunità di vittime di abduction. Certo, molti continuano a dire che non esiste nessun UFO, e che le immagini di rapimenti alieni sui media si possono radicare nel subconscio e dar così vita ai ricordi che compaiono durante le sessioni di ipnosi regressiva.

In Russia Kirsan Ilyumzhinov è idolatrato, un politico che parla in prima persona di UFO è un simbolo di coraggio. Alcuni possono prenderlo per pazzo, ma non è una cosa che si trova facilmente in altri paesi del mondo.

# 8

## Pier Fortunato Zanfretta

E' il 6 dicembre 1978, una notte fredda e senza Luna. Pier Fortunato Zanfretta, metronotte impiegato all'Istituto Val Bisagno, cooperativa di sorveglianza, fa come il suo solito la ronda nel paese di Torriglia e Propata. E in quell'occasione successe uno dei più famosi casi di abduction in Italia.

Dalle dichiarazioni rese ai carabinieri, Zanfretta stava percorrendo le strade ghiacciate e piene di nebbia, verso la casa di campagna di un cliente della compagnia di metronotte.

A un certo punto la macchina inizia ad avere problemi. Si spengono il motore, la radio e le luci. In quel momento vide alcune luci all'interno del giardino della casa del cliente, il signor Righi. Pensando si trattasse di ladri, il metronotte scese dalla macchina con la pistola in mano e la torcia. Zanfretta oltrepassò silenziosamente il cancello aperto e strisciò lungo un muro tentando di prendere di sorpresa quelli che nel pensava fossero dei normali ladri… e poi lo shock. Proprio mentre si preparava a saltare fuori per affrontare questi intrusi, Zanfretta sentì qualcosa toccargli la spalla. Si voltò e invece di ritrovarsi un normale uomo illuminato dalla torcia, vide qualcosa di spaventoso. Lo descrive come gigantesco, almeno tre metri di altezza, verdognolo e con la pelle rugosa, vestiti con una specie di tunica grigia. La pelle era verdastra, rettiliforme, vene rosse sulla fronte e occhi gialli triangolari. In base a queste descrizioni gli ufologi ritengono che si tratti della specie aliena detta "rettiliani". Nomina inoltre un apparato meccanico si attacca alle loro bocche, utile a quanto pare per respirare all'interno dell'atmosfera terrestre.

Alla vista di quella creatura, Zanfretta rimase sbalordito. Lasciò cadere all'istante la torcia, ma subito dopo ebbe un flash e riuscì a raccoglierla per correre via. Mentre si avvicinava alla sua macchina, Zanfretta avrebbe testimoniato che una luce brillante cominciava ad apparire dietro di lui.

Si girò per vedere un immenso oggetto di forma triangolare, che lo accecò con la sua luminosità. Zanfretta si coprì gli occhi con il braccio e fissò con soggezione questo gigantesco UFO mentre fluttuava sopra la casa di campagna. In quel momento Zanfretta affermò di essere stata colpita da un'ondata di calore bruciante. Facendo resistenza, il metronotte è riuscito a tornare alla macchina dove, terrorizzato, ha contattato il centro operativo della sua società di sicurezza a Genova.

Carlo Toccalino, un operatore collega di Zanfretta, ha detto che ha ricevuto la sua chiamata alle 00:15, e che lui parlava in maniera scomposta e spaventata. Toccalino affermò che quel poco che poteva comprendere dalle chiacchiere incomprensibili di Zanfretta erano descrizioni di creature simili a mostri. Quando Toccalino ha chiesto al suo collega di descrivere i suoi inseguitori, lui ha risposto in maniera sconvolgente sottolineando che non sono esseri umani ma creature "brutte". La comunicazione così si interruppe. Toccalino si spaventò e chiamò il capo della compagnia, il tenente Cassibba. Toccalino disse che Cassiba si spaventò e ordinò di inviare subito un'altra macchina per controllare la situazione di Zanfretta.

A causa di nebbia e ghiaccio, la macchina è arrivata circa un'ora dopo. I due metronotte, Walter Lauria e Raimondo Mascia, raggiunsero il luogo e scesero dalla macchina. Trovarono Zanfretta sdraiato sul terreno ghiacciato di fronte al cancello della casa del cliente. Quando Zanfretta vide i colleghi che si avvicinavano, balzò in piedi con gli occhi sbarrati. Puntava la pistola sui colleghi con mano tremante e non embrava intenzionato ad abbassarla. Non era più il tranquillo padre di famiglia che i metronotte tutti conoscevano. Temendo per la loro vita, le guardie riuscirono a disarmare Zanfretta senza far male a nessuno. Hanno poi testimoniato che di essere rimasti scioccati nello scoprire quanto fossero caldi i suoi vestiti, anche se si trovava sdraiato sul ghiaccio.

Così furono chiamati i carabinieri, che trovarono due segni a forma di ferri di cavallo nell'erba congelata dietro la casa di campagna. Alcuni hanno ipotizzato che possano essere i segni dell'atterraggio dell'UFO. Il comandante della stazione di Torriglia, Antonio Nucchi, amico di vecchia data di Zanfretta, ha dichiarato di credere alla storia pur apparentemente incredibile e paradossale. Quella notte, scoprì poi, ci furono 52 segnalazioni di fenomeni luminosi sconosciuti esattamente del tipo e nell'orario di quello di Zanfretta.

La storia avrebbe potuto benissimo finire lì: ma l'eco mediatica della storia esplose, e così Torriglia fu invasa da giornalisti, reporter a caccia di scoop, studiosi e semplici curiosi di storie di UFO e abduction. In generale, le reazioni della stampa hanno spaziato dal cortese scetticismo allo scherno totale di Zanfretta e del suo stato mentale, se non alla truffa. L'atteggiamento irridente è stato attuato da quasi tutti tranne un solo giornalista, Rino di Stefano, che lavorava per il quotidiano locale di Genova "Il Corriere Mercantile". Scrisse diversi articoli sulla storia, e portò sempre come motivazione il semplice fatto che una normale persona, con un lavoro, padre di famiglia senza alcuna velleità particolare, avesse messo in crisi il suo futuro lavorativo e la sua reputazione per raccontare una storia così fantasiosa. Ha così contattato Zanfretta di persona per indagare più a fondo. Ciò che sembrava confermare la convinzione di Di Stefano nella sincerità di Zanfretta, oltre ai già citati 52 casi di avvistamento nella stessa zona, era il disprezzo per la sua condizione involontaria di "personaggio famoso" e chiacchierato. Zanfretta odiava stare sotto i riflettori, odiava la notorietà derivata da questa storia, voleva solamente essere lasciato in pace. Diceva inoltre di ricevere una valanga di telefonate denigratorie, che mettevano in cattiva luce lui e tutta la vicenda.

Il 23 dicembre 1978 Zanfretta accettò di farsi sottoporre a ipnosi per vedere di scavare meglio su ciò che poteva essere successo quella notte. Si è svolto tutto a Genova sotto la supervisione del Dr. Mauro Moretti, psicoterapeuta e membro dell'Associazione Italiana di Ipnosi Medica. Durante la seduta, Zanfretta ha confermato che non solo aveva effettivamente visto esseri di un altro mondo, ma che quegli enormi alieni lo avevano effettivamente addotto. Disse che questi oscuri visitatori lo avevano portato in un luogo caldo e luminoso dove lo hanno sottoposto a esami e interrogatori. Quando raccontava queste cose, sotto ipnosi, Zanfretta aveva una voce terrorizzata, fremeva, gesticolava. Le creature non parlava italiano ma comunicavano con lui tramite un macchinario luminoso che funzionava come una sorta di traduttore. Zanfretta ha aggiunto dei particolari inquietanti, e cioè che questi alieni arrivassero dal pianeta "Titania", che si trovava nella "terza galassia" e che presto sarebbero tornati in gruppi molto maggiori.

Nel 26 dicembre dello stesso anno c'è stato un successivo rapimento. Mentre guidava la sua macchina all'interno della galleria nel passo di Scoffera, perse il controllo del mezzo. Chiamò immediatamente la centrale e disse che la macchina non rispondeva più ai comandi e continuava ad accelerare in mezzo al banco di nebbia all'uscita della galleria. Dopo un paio di chilometri la macchina si fermò e venne investita da una luce calda. A questo punto l'operatore della società di sicurezza ha detto che il tono di voce di Zanfretta è cambiato toalmente. Ha detto che la macchina si era fermata, che aveva visto una luce brillante e che stava uscendo.

Zanfretta fu ritrovato un'ora e mezza dopo da due suoi colleghi. Il primo uomo a trovarlo, il sergente Emanuele Travenzoli, ha detto di averlo visto in mezzo a un campo e che, nonostante il diluvio, i vestiti erano caldi e asciutti. Ha anche aggiunto che Zanfretta era in stato di shock, piangeva e si disperava. Poi aggiunse delle parole strane: "Dicono che devo partire con loro. E i miei figli? Non voglio ... non voglio. "

Chiamarono ancora i carabinieri. Anch'essi notarono qualcosa di strano: la macchina, pur essendo stata al freddo e all'acqua, era caldissima soprattutto sul tetto. Ancora una volta furono chiamati i Carabinieri. Arrivati sul posto, gli ufficiali militari scoprirono, con grande confusione, che anche se la Fiat era stata esposta al freddo acquazzone per un lungo periodo di tempo, il tetto dell'auto era caldo come esposto al sole, così come gli interni dell'auto. Come se ciò non fosse abbastanza, i carabinieri hanno anche scoperto delle orme intorno alla macchina, delle orme di stivali gigantesche, di circa cinquanta centimetri.

Zanfretta, secondo gli esami balistici, avrebbe sparato cinque volte, ma ha sempre detto di non ricordare contro chi e quando. Dati gli spari, l'eco mediatica degli avvistamenti e il passato di

Zanfretta fu aperto un fascicolo denominato: "Rapporto sull'avvistamento di oggetti volanti non identificati di Fortunato Zanfretta". Viene inviato alla pretura di Genova dal brigadiere Nucchi, ma il giudice ne disporrà l'archiviazione per "mancanza di estremi di reato". Anche altre autorità erano state informate del caso, come il ministero degli interni e degli alti comandi militari.

Dopo questa secondo episodio, i datori di lavoro di Zanfretta interpellarono un neurologo, il dottor Giorgio Gianniotti, per esaminare lo stato di salute mentale di Zanfretta. Al termine degli esami il medico disse che, pur essendo in stato di shock, l'uomo era assolutamente in grado di intendere e di volere e senza nessuna patologia. Nonostante questo l'acredine e l'incredulità nei confronti di Zanfretta continuò, così accettò di lasciarsi sottoporre a una seconda ipnosi. I ricordi di cui raccontò in questa seduta parlavano di come fosse stato costretto a indossare una specie di elmo che permetteva loro di comprendere la loro lingua, e che uno degli alieni usò la sua pistola per sparare dei colpi contro una sorta di pannello. Ribadì inoltre la sua paura di essere portato via, allontanato dalla sua famiglia e dal pianeta, e pregava gli alieni di non farlo. Siccome la seduta era stata trasmessa in televisione, la fama di Zanfretta crebbe ulteriormente ma dopo un po' si sgonfiò il tutto. Solo che fu rapito una terza volta.

Il 30 luglio del 1979, mentre era di pattuglia in motocicletta, scomparve per l'ennesima volta. Per l'ennesima volta fu trovato dai suoi colleghi dopo una ricerca di due ore, in cima alla montagna. Di nuovo si sottopose a una sessione di ipnosi con l'aggiunta di sodio penthotal, una sorta di "siero della verità", in cui disse di essere stato portato sulla cima della montagna da una sorta di luce verde.

Il 2 dicebre del 1979, Zanfretta e un collega scompaiono. Quattro macchine mandate in suo soccorso affermano di aver visto una nuvola sopra di essi, e che in quel momento i motori delle auto si sono spenti. Le guardie nonostante lo spavento escono dalla macchina e una di loro spara all'UFO, il quale svanisce subito dopo. Il tutto, però, si è concluso in tragedia quando una delle guardie presenti, mai ripresosi del tutto nei mesi successivi, si è suicidato sparandosi alla testa.

Due giorni dopo Zanfretta, mentre faceva benzina a una stazione self-service, dice di aver sentito delle voci chiamarlo alle sue spalle. Questa craeatura era diversa dalle altre: aveva una testa a uovo, calvo, e indossava un vestito a scacchi. La voce gli ha intimato di portare la macchina sopra una piccola nuvola che si librava sul terreno, e così sono stati trasportati all'interno di un'enorme astronave. Zanfretta fa dei racconti fantascientifici del suo viaggio all'interno di questa astronave, parlando di cilindri pieni di creature mai visti. Gli esseri diedero a Zanfretta un misterioso marchingegno composto da una sfera trasparente e un tetraedro dorato. Lui cercò di rifiutare ma nonostante ciò gli alieni insistettero e lui prese l'oggetto misterioso. Zanfretta disse di averla nascosta in un luogo sconosciuto e di sentirsi forzato da qualche strana forza a recarvisi due volte al mese.

L'ultimo rapimento, seguendo lo stesso copione, avvenne il 14 febbraio 1980.

Ci fu un'altra sessione di ipnosi regressiva, in cui Zanfretta si mostrò riottoso. A un certo punto iniziò a pronunciare frasi in apparenza strane e senza senso, suggerite dai Dargos.

Nei media, Zanfretta è stato ospite di numerose trasmissioni televisive, di interviste, protagonista di un libro. Dichiara di non aver mai tratto profitto dalle sue apparizioni, e di avere invece ricevuto più danni che altro, come il ritiro del porto d'armi o le centinaia di telefonate di sconosciuti che lo prendono in giro. Pur non potendo addurre prove certificate del rapimento, la concomitanza di eventi come le segnalazioni di numerose persone rendono questo caso più verosimile di altri.

# 9

## Joel Malakovic

Siamo a Sarajevo.

Joel Malakovic, tecnico di radiologia all'ospedale cittadino, sta guidando per tornare a casa dopo una giornata di lavoro.

Lungo La strada, a un certo punto, vede una sorta di sfera luminosa a lato. Rallenta, spaventato, e la sfera resta lì immobile.

Decide di proseguire ma dallo specchietto retrovisore vede che la sfera lo sta seguendo. Allora prova ad accelerare e dopo un po' vede che questa sfera è sparita.

Tornato a casa racconta l'avvenuto alla moglie, spaventato, ma lei sembra non credergli e dà la colpa allo stress.

Il giorno dopo va a lavoro come di consueto. Al ritorno, si ripresenta questa sfera. Joel non fa in tempo a reagire che la sfera avvolge la macchina, viene irradiato di una luce calda e il motore si spegne. Si risveglia, confuso, e torna a casa, dove trova la moglie preoccupata: era in ritardo di oltre un'ora sul suo solito orario.

Conoscendo un amico che si occupava di ipnosi regressiva, decise di chiedere il suo aiuto per capire meglio cosa fosse successo in quei momenti.

Si sottopose alla sessione ed ecco che venne fuori un racconto inquietante: gli alieni lo avevano portato con loro all'interno dell'astronave, lo avevano spogliato e fatto sdraiare su un lettino, dopodiché gli avevano inserito qualcosa all'interno del corpo (i cosiddetti microimpianti). Da lì in poi Joel disse di essersi sentito molto meglio e di non aver avuto più nessuna patologia fisica, nessuna malattia, se si esclude un certo malditesta che lo colpiva una volta al mese. In questo caso, dunque, alla fine si può parlare di un'abduction dalle conseguenze positive. Joel cercò di rivendere la sua storia in giro per farne profitto, ma l'impresa non gli riuscì: l'ospedale lo licenziò per la pubblicità imbarazzante che gli stava facendo.

# 10

## Il Gabinetto RS/33

Pur non trattandosi di vere e proprie abduction, questa vicenda è senza dubbio meritevole di segnalazione.

Italia, 1933. Il regime fascista di Mussolini è nel pieno del suo potere. La polizia segreta fascista, l'OVRA, fa rapporto di numerose segnalazioni di oggetti volanti non identificati da parte della popolazione. Teniamo presente gli anni e il livello culturale della popolazione di allora: non c'erano media, gli italiani erano in buona parte analfabeti e poco avvezzi alla tecnologia. A queste segnalazioni, però, se ne affiancano diverse anche da autorità militari: il che fa segnare un salto di qualità alla vicenda. Viene quindi fondato in via ufficiale un organo che si occupi dello studio di queste misteriose segnalazioni: il Gabinetto RS/33, composto da alcune delle migliori menti italiane dell'epoca e con a capo Guglielmo Marconi.

In particolare, si è molto discusso attorno a un UFO precipitato su Milano e recuperato dalla polizia fascista, la quale lo nascose all'interno di una fabbrica a Varese. La fabbrica venne poi bombardata, ma si ritiene che l'UFO non fosse più presente in quanto inviato ai nazisti nel 1940. Circostanze molto particolari circondano questi avvenimenti, in quanto proprio in quegli anni iniziano i progetti delle V9 naziste, più tutto il macrocosmo esoterico che vede i progetti di aerei avveniristici simil-UFO e la credenza di Hitler, quando ormai la guerra era irrimediabilmente compromessa, che di lì a poco avrebbero avuto un'arma terribile in grado di sconfiggere chiunque. Si dice poi che questi segreti fossero stati tramandati agli americani dai gerarchi nazisti in cambio della libertà.

# CRONACHE DEL MISTERO

- **I MISTERI DEL MARE**
- **ABDUCTION: IL MISTERO DEI RAPIMENTI ALIENI**
- **I MISTERI DELL'ANTICHITA'**
- **CREATURE MISTERIOSE**
- **FENOMENI PARANORMALI**

CPSIA information can be obtained
at www.ICGtesting.com
Printed in the USA
BVHW060444200321
603098BV00003B/472